AF375569

VINCENT VAN GOGH

Un genio atormentado

Por Eliane Reynold de Seresin
En colaboración con Anthony Spiegeler
Traducido por Laura Bernal Martín

Arte y literatura   50MINUTOS.es

VAN GOGH

- **¿Nacimiento?** Nacido el 30 de marzo de 1853 en Groot Zundert (Países Bajos).
- **¿Muerte?** Fallecido el 29 de julio de 1890 en Auvers-sur-Oise (Francia).
- **¿Contexto?** El postimpresionismo.
- **¿Obras principales?**
  - *Los comedores de patatas* (1885)
  - *Los zapatos* (1886)
  - *Los girasoles* (1888)
  - *Sembrador a la puesta del sol* (1888)
  - *Noche estrellada sobre el Ródano* (1889)
  - *La habitación en Arlés* (1889)
  - *Autorretrato con la oreja vendada* (1889)

Vincent van Gogh, que nace en los Países Bajos, es un genio tan frágil e inestable como influyente, y está profundamente marcado por las reivindicaciones sociales que sacuden el siglo XIX. Hombre de fe con una personalidad depresiva y vocación controvertida, descubre en el realismo de los escritores franceses, en el arte de los pintores holandeses y en las obras de

Jean-François Millet (1814-1875) un reflejo de sus propias preocupaciones.

Van Gogh se inspira en la revolución impresionista y en el japonismo, y desarrolla su propio lenguaje artístico, al margen de los artistas contemporáneos. Su febrilidad mental empeora cada vez más con el paso del tiempo, y la pintura le ofrece una válvula de escape. Con él, el tema representado ya no es lo único que debe ser objeto de atención, sino una manera de engañar con el fin de expresar el inconsciente del artista. A través de la violencia del color, del nerviosismo en la ejecución y de la torsión de la línea, Vincent van Gogh abre el camino a nuevas vías artísticas que llevarán al surgimiento de dos corrientes importantes: el fovismo y el expresionismo. Aunque su obra no se comprende durante mucho tiempo y muere en el anonimato, la estela que deja este intenso artista transforma el arte del siglo XX.

CONTEXTO

LA CALMA DESPUÉS DE LA TORMENTA

En Francia, después de los intentos fallidos de la II República (1848-1851), el Segundo Imperio (1852-1870) marca un periodo de relativa estabilidad económica. El desarrollo de la gran industria y de las vías de comunicación, sobre todo con el florecimiento de las vías ferroviarias, la creación de los bancos o la irrupción de grandes tiendas imponen el poder de la burguesía emergente y el mercado del trabajo recibe un impulso gracias al crecimiento. Además, en los años 1860 se instaura el liberalismo político. De hecho, para garantizarse la popularidad, Napoleón III (1808-1873) otorga el derecho a huelga en 1864 y, cuatro años después, los diputados tienen el derecho de interpelación.

Pero este equilibrio fingido se rompe cuando Napoleón III, actuando como digno heredero de los delirios de grandeza bonapartianos, declara la guerra a Prusia. Aunque enseguida capitula en Sedán el 2 de septiembre de 1870, París es asediada durante varios meses. En marzo de 1871, la capital se convierte en la cuna de una revuelta popular sin precedentes que derroca el régimen: es la Comuna. Esta, que con sus declaraciones fortalece el socialismo, nace en los años 1820 y exige principalmente una reforma del mundo obrero, ya que el auge económico dista mucho de rimar con progreso social. Hay que esperar la llegada de la III República (1870-1940) y la instauración de las leyes constitucionales de 1875 para que la calma política por fin reine. Ese mismo año, Vincent van Gogh, procedente de los Países Bajos, realiza su primera estancia en Francia.

MODERNIDAD CONTRA RURALIDAD

Los progresos de la metalurgia entrañan la aparición de nuevos materiales de construcción más ligeros y maleables. Gracias a estas evoluciones, París se transforma bajo la égida del prefecto Haussmann (1809-1891), obedeciendo a la voluntad de Napoleón III, que desea convertir la ciudad en «la capital de las capitales» (Michaels 2009, 3).

Gracias al desarrollo de las vías ferroviarias, el campo se encuentra ahora a las puertas de París para regocijo de los urbanitas, que descubren las alegrías de las riberas del Sena. El mundo rural, mientras tanto, se siente invadido: los campesinos —por naturaleza más conservadores y menos inclinados a alabar la llegada de esas máquinas que saben que constituyen una amenaza para ellos— no parecen estar de acuerdo con los ideales modernos republicanos sedientos de cambios. Así, aunque el mundo se dirige inexorablemente hacia la modernidad, el frenesí del progreso engendra una histeria colectiva que asusta a algunos. Son varios los artistas que se arrepienten de las derivas de la modernidad y que defienden la vida rural, intrínsecamente buena para el hombre. Van Gogh es uno de ellos, pues privilegia durante toda su vida la sencillez campesina y la naturaleza, tal y como demuestran lienzos como *Los zapatos* (1886) o escenas campestres.

EL AUGE DEL REALISMO

En el plano cultural, aunque el reino napoleónico rimaba con un cierto idealismo, a partir de ahora y debido a la modernización de la sociedad, es el realismo el que ocupa el primer plano. Aumenta el interés del pueblo hacia escritores que ahora se dedican a transcribir, con exactitud y fidelidad, la sencillez de la vida diaria. Gustave Flaubert (1821-1880), Guy de Maupassant (1850-1893) y, sobre todo, Émile Zola (1840-1902) ofrecen de esta forma una nueva mirada sobre la sociedad que marca mucho a Van Gogh. En pintura, Jean-François Millet y Gustave Courbet (1819-1877) se convierten respectivamente en los jefes de filas de la Escuela de Barbizon y del realismo, dos corrientes que se desarrollan a mitad del siglo XIX. Herederos de los maestros holandeses y de los paisajistas ingleses, los pintores de Barbizon encuentran en las escenas cotidianas o en la naturaleza una humanidad en la que se reconocen más que en los temas históricos y antiguos preconizados por la Academia de Bellas Artes.

La Escuela de Barbizon

Jean-François Millet, instalado en Barbizon, es el fundador de una corriente que le da notoriedad al paisaje. La Escuela de Barbizon, cuyos más ilustres representantes, además de Millet, son Jean-Baptiste-Camille Corot (1796-1875), Narciso Díaz de la Peña (1807-1876), Théodore Rousseau (1812-1867) y Charles-François Daubigny (1817-1878), convierte la naturaleza en el tema principal de las obras y difunde el plenairismo, que más adelante practicarán los impresionistas.

Y si bien los artistas se benefician de los progresos científicos —sobre todo de la invención de los tubos de pintura por Lefranc en 1859, que les incita a pintar al aire libre, o de la fotografía, por Nicephore Niepce (1765-1833) en 1826, que permite plasmar la instantaneidad del mundo—, observamos en muchos la necesidad de representar una visión edénica del mundo rural, lejos del infierno moderno y del ritmo desenfrenado de la industrialización galopante. La pintura de Barbizon, sobre todo, escapa de la ciudad para refugiarse en el campo, privilegiando la calma antes que la agitación.

Van Gogh, alimentado por los maestros holandeses, también está profundamente influido por Millet, cuyas escenas campesinas, como *La siesta* (1866) o *El sembrador* (1850), tendrán una influencia decisiva en su obra y en la de los impresionistas, que también tendrán una gran incidencia sobre el pintor neerlandés.

LA INFLUENCIA IMPRESIONISTA

Van Gogh lleva a cabo su primera estancia en territorio francés un año después de la primera y sonora exposición de los impresionistas de 1874. Este nuevo movimiento, inspirado en el anticonformismo de Édouard Manet (1832-1883), rechaza las normas estrictas dictadas por la Academia Francesa. Ante la hegemonía de los temas históricos, la primacía del dibujo, la universalidad y la referencia a la Antigüedad, los artistas impresionistas ponen por delante su subjetividad y privilegian los paisajes o los temas de la vida diaria, el color —aplicado a través de pinceladas fragmentadas—, la instantaneidad, lo fugaz, la luz y la naturaleza.

El impresionismo, que busca nuevos temas de predilección, no se muestra insensible a las proposiciones del arte japonés descubierto tras el fin del *sakoku*. Durante la exposición universal organizada por Francia en 1867, sorprende un pabellón dedicado a las obras japonesas. El arte de las estampas japonesas, el *ukiyo-e* (que significa «mundo flotante»), que se había mantenido durante mucho tiempo protegido de toda mirada, propone un nuevo esquema artístico que suscita el interés de numerosos jóvenes artistas, como Edgar Degas (1834-1917) o Claude Monet (1840-1926). Van Gogh, enseguida sensibilizado con el arte, entiende rápidamente la contribución de las estampas japonesas que descubre en el norte. La delicadeza del trazo, la perspectiva, el contorno negro, el diseño y el tema de la naturaleza encuentran un profundo eco en el artista.

¿SABÍAS QUE...?

El *sakoku* designa una política aislacionista japonesa que podemos traducir por «cierre del país». Dura más de dos siglos, de 1641 a 1853. Gracias a la expedición dirigida por el comodoro estadounidense Matthew Perry (1794-1858), que acaba en la firma de la convención de Kanagawa el 31 de marzo de 1854, el archipiélago vuelve a abrirse al mundo, lo que permite los intercambios.

BIOGRAFÍA

LA PREDICACIÓN HEREDADA DEL NORTE

Vincent van Gogh, hijo de pastor y hermano mayor de una familia de seis niños, nace en Groot Zundert (Países Bajos) el 30 de marzo de 1853, exactamente un año después de la muerte a temprana edad de un hermano, cuyo nombre hereda. Aunque poco se sabe del vínculo que le une al resto de la fratría, es conocida la relación cercana que mantiene con su hermano menor, Theo, a quien escribirá durante toda su vida. Hoy en día, se conservan de su relación epistolar más de seiscientas cartas. Su hermano pequeño siempre será para él un apoyo tanto moral como económico.

En una familia en la que se transmite de padre a hijo el ser pastor o comerciante de arte, Vincent van Gogh sigue naturalmente la tradición fami-liar y trabaja a partir de 1869 en la galería de arte dirigida por uno de sus tíos, la Goupil & Co., en la Haya. Esta gran ciudad parece corresponderse mejor con el temperamento del artista, que visita los museos y descubre a los maestros holandeses. Por otra parte, desarrolla enseguida un gran sentido del comercio del arte. Entonces, trabaja en las distintas filiales de la galería en Bruselas, en Londres o en París, que descubre en 1875. No obstante, se niega a considerar el arte como una simple mercancía y acaba siendo despedido.

Al mismo tiempo, y tras una decepción amorosa, se sumerge con frecuencia en la Biblia y le nace la vocación. Comienza entonces el seminario en Ámsterdam en 1878 tras haber sido profesor y más adelante predicador metodista en Londres en 1876, pero suspende sus exámenes. Aun así, se va a evangelizar a los mineros del Borinage en los alrededores de Mons, en Bélgica y, por empatía, comparte la vida de aquellos a los que convierte. No obstante, su excesivo entusiasmo asusta a los que le rodean.

Tras una estancia no exenta de conflictos en casa de sus padres, que ahora viven en Etten, se vislumbra la fragilidad mental de Van Gogh cuando aún no ha cumplido los 30 años. Su padre intenta, en vano, internarlo. En esta misma época nace su vocación artística: en 1880 se inscribe en la Real Academia de Bellas Artes belga y conoce a Anthon van Rappard (1858-1892), un pintor holandés que se convierte en un gran amigo.

LA PALETA COMO VIÁTICO

En 1880, Van Gogh regresa a La Haya, donde se dedica por completo a la pintura, y recibe una enseñanza artística (acuarela y arte de la perspectiva) junto al pintor Anton Mauve (1838-1888), su primo político. Profundiza en su conocimiento de los maestros flamencos, como Peter Paul Rubens (1577-1640), y holandeses, como Frans Hals (c. 1582-1666) o Rembrandt (1606-1669), cuyo realismo le marca. Sus lecturas, de Honoré de Balzac (1799-1850) a Charles Dickens (1812-1870), pasando por Émile Zola, también marcadas por el realismo y el naturalismo, marcan el ritmo de su día a día. En 1881 conoce a una prostituta que está embarazada y que ya ha sido madre, Sien Hoornik, pero su familia se opone firmemente a su unión.

Tras un curso de transición en Drenthe, el pintor se instala en Nuenen durante dos años, de 1883 a 1885. Allí frecuenta a Margot Begemann pero, una vez más, ambas familias se niegan a que Van Gogh y la joven formalicen su unión. Esta, que ama con ternura al artista, intenta suicidarse.

Durante este periodo, Van Gogh pinta numerosas escenas campesinas en tonos sombríos que recuerdan a Rembrandt. Es entonces cuando realiza su primera obra maestra, *Los comedores de patatas* (1885), tras una treintena de estudios. Tras el repentino fallecimiento de su padre en marzo de 1885, se marcha a Amberes para seguir clases de Bellas Artes y descubre las estampas japonesas.

Su hermano Theo, que dirige la sucursal de la galería Goupil en París, decide unirse al él en 1886. Gracias a este, Vincent descubre a los impresionistas, lo que lleva al aclaramiento de su paleta. El pintor conoce a Camille Pissarro (1830-1903), Claude Monet, Paul Gauguin (1848-1903), Georges Seurat (1859-1891) y a Henri de Toulouse-Lautrec (1864-1901) y sufre la influencia del japonismo. Se hace amigo del comerciante de colores conocido como «padre Tanguy», en cuya casa se reunían los artistas en boga. El comerciante es el primero en exponer las obras de Van Gogh y este último, en señal de reconocimiento, le hace un retrato.

Finalmente, poco cómodo en el trepidante mundo de la capital y fatigado, el pintor decide instalarse en la tranquilidad del Mediodía francés para entregarse a su arte.

A PLENO SOL

El artista llega al sur en época de nieves, como si la Provenza saludase a este protestante venido del norte, y se ve marcado visceralmente por la luz y los tonos mediterráneos. El color cenital inunda entonces sus lienzos y transforma intrínsecamente sus obras, en las que el amarillo se vuelve predominante, como se puede observar en *Los girasoles* (1888), *La terraza del café en la Place du Forum de Arlés, de noche* (1888), *Café de noche en la Place Lamartine de Arlés* (1888) o *Noche estrellada sobre el Ródano* (1889).

Vincent van Gogh, aislado —como demuestran los seis autorretratos en Arlés (a pesar de que ya ha pintado una veintena), así como sus naturalezas muertas—, sueña con crear una comunidad de artistas. Paul Gauguin acaba por unirse a él en su Casa Amarilla, que el artista representará en muchos cuadros, como *La habitación en Arlés* (1889). Aunque su colaboración arranca bajo buenos auspicios, enseguida nacen disensiones artísticas y la cohabitación termina con una nota dramática: Van Gogh se mutila una oreja, como se puede ver en su *Autorretrato con oreja vendada* (1889).

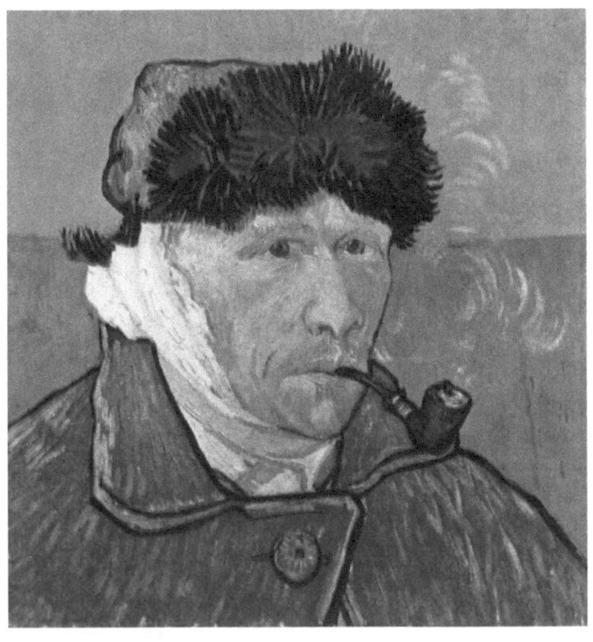

| *Autorretrato con oreja vendada, 1889,* óleo sobre lienzo, 51 x 45 cm, Chicago, colección Leigh B. Block.

Como consecuencia, los habitantes de Arlés le piden al alcalde que aleje o interne al pintor.

Van Gogh y Gauguin

Vincent van Gogh y Paul Gauguin influyen cada uno a su manera en el arte del otro. Así, la expresividad de Gauguin viene del pintor holandés, mientras que Van Gogh se inspira en su compañero para sus fondos de colores lisos. Esta influencia recíproca se encuentra en el seno de su correspondencia.

Poco tiempo después, Van Gogh sufre una nueva crisis y es internado voluntariamente en Saint-Paul de Mausole, a algunos kilómetros de Saint-Rémy de Provence. Theo, preocupado, exige a su hermano una relación más cercana. En 1890, Van Gogh obedece y se instala en Auvers-sur-Oise, donde conoce al doctor Gachet. Este, admirador de la pintura moderna y amigo de Édouard Manet, de Edgar Degas, de Paul Cézanne (1839-1906) y de Pierre-Auguste Renoir (1841-1919), detecta enseguida el talento de Van Gogh y le pide varias obras. El artista, extremadamente prolífico, pinta unos setenta lienzos en tan solo dos meses, entre los que se encuentra *La iglesia de Auvers* (1890). Sin embargo, un día de verano, cuando se va a pintar al aire libre, intenta suicidarse y fallece dos días después en brazos de su hermano.

EVIDENCIA PÓSTUMA

La vida de Vincent van Gogh se apaga el 29 de julio de 1890 sin ser conocido por el público en general, a excepción de algunos iniciados. Aunque durante los últimos meses de su vida aparece un atisbo de reconocimiento —de hecho es aclamado por Albert Aurier en *Mercure de France* como uno de los príncipes de la vanguardia—, ya es demasiado tarde para alguien que solo vendió un lienzo durante toda su vida: *La viña roja*, en 1890. Johanna van Gogh, la mujer de Theo, heredera universal de la obra, decide dar a conocer el talento de su cuñado así como publicar, por primera vez de forma íntegra, la correspondencia entre los dos hermanos en 1914. Además, une para siempre sus destinos al desplazar el cuerpo de Theo al cementerio de Auvers-sur-Oise para que descanse junto a su hermano mayor por el resto de la eternidad.

Aunque la primera exposición de las obras de Van Gogh tiene lugar en Berlín en el invierno de 1901, dos años después de la muerte del artista y gracias a Paul Cassirer, la de 1905 en el Museo Municipal de Arte Moderno de Ámsterdam, financiada por Johanna van Gogh, tiene una especial repercusión y no cabe duda de que se trata de la primera vez que realmente se pone de manifiesto la obra del artista. Los dos primeros organizadores se unirán más adelante para repetir el evento. La primera exposición al otro lado del Atlántico tiene lugar justo antes de la Primera Guerra Mundial. En 1930, la organizada en el Museo de Arte Moderno de Nueva York ofrece un renombre mundial a la obra de Van Gogh, que hoy en día es considerado uno de los mayores artistas del siglo XX.

CARACTERÍSTICAS

UNA OBRA NATURALISTA

Aunque los temas abordados por Van Gogh evolucionan con el paso de los años, no cabe duda de que el artista se muestra durante toda su vida especialmente sensible a las penurias de los demás. Vincent, hijo de un pastor y con el alma atormentada, vive junto a los más pobres y se ve especialmente afectado por las obras maestras de los pintores flamencos que, enseguida, han sentido la necesidad de pintar la vida cotidiana. Nos referimos a los retratos individuales o grupales de Frans Hals, como *La compañía del capitán Reijnier Rael y el teniente Cornelis Michielsz Blaeuw* (1637), o incluso a *Los peregrinos de Emaús* (c. 1629) o *La ronda de noche* (1642) de Rembrandt. Así, las obras de la juventud del artista se caracterizan por sus tonos terrosos y los juegos de claroscuro.

Su lectura de los escritores realistas confirma esta inclinación por sus hermanos pobres, y no es sorprendente que 1885, año en el que culmina *Los comedores de patatas*, también sea el de la publicación de una obra emblemática de Émile Zola, *Germinal*, puesto que las reivindicaciones sociales están en el corazón de todo el mundo en este final del siglo XIX. Empático, Van Gogh realiza numerosos estudios y otros retratos de campesinos. En este sentido, hay otro artista que tiene una influencia decisiva en el pintor: Jean-François Millet. El plenairismo del maestro le ofrece a Van Gogh las respuestas que llevaba mucho tiempo buscando. Encontramos la influencia de Millet en las obras de Van Gogh que representan los trabajos en el campo —reflejo de la vida laboriosa y simple de los campesinos— como *La siesta* (1889-1890) o *Sembrador a la puesta del sol* (1888). Esta alma atormentada aspira durante toda su vida a una felicidad sencilla.

LA INFLUENCIA DEL «MUNDO FLOTANTE»

Van Gogh, que descubre el japonismo en Amberes, ve sus gustos reforzados al llegar a París, donde la escuela del *ukiyo-e* («mundo flotante») se propaga. Numerosos escritores, periodistas o industriales, como Edmond de Goncourt (1822-1896), por ejemplo, coleccionan las estampas de este «mundo flotante» tan distinto al arte occidental. Van Gogh, como numerosos pintores, también se entrega a esta moda japonizante. Así, encontramos en sus lienzos la simplificación del motivo a través de la línea, la fluidez del trazo, los fondos de colores lisos, la importancia de la naturaleza o un marco desfasado en relación con el tema. Algunas obras quieren incluso ser un homenaje a las estampas japonesas, como *Puente bajo la lluvia (según Hiroshige)* (1797-1858) e, incluso en su estilo más vangoghiano, observamos de forma implícita la imposición de los maestros orientales (*Olivos*, 1889).

Y si el contraste entre Hiroshige y Van Gogh no deja de sorprender, sin duda la calma, la armonía y el orden japonés son tranquilizadores y dignos de alabanza para el alma atormentada del pintor neerlandés. En este sentido, la exposición que tiene lugar en la Pinacoteca de París en 2012-2013 subraya de manera especial el vínculo que une a ambos artistas: «Ya sea por una referencia directa o por un juego de referencias heteróclitas, el arte de Van Gogh se transforma en una repetición moderna y atormentada de las temáticas y los asuntos pintados por Hiroshige un siglo y medio antes y en la otra punta del mundo»[1] (Restellini 2012, 3).

EL CANTO DEL COLOR

El impresionismo también desempeña un papel fundamental en la obra de Vincent van Gogh. Su hermano Theo, que se une a él en la capital, ofrece enseguida un lugar destacado a estos nuevos artistas en la galería que dirige, iniciando así a su hermano mayor en esta revolucionaria corriente artística. Arrastrado por sus compañeros de fortuna, el artista pinta ahora a pleno aire y se impregna del canto de la naturaleza, que recrea a través de su propia visión. Además, su paleta se aclara significativamente desde que llega a París.

Las investigaciones de los impresionistas sobre la luz, la instantaneidad y lo efímero, así como su trabajo sobre el color, encuentran un eco especial en las elecciones artísticas de Van Gogh. En sus obras aparecen diferentes matices de tonos, que obtiene gracias a los progresos científicos que abren el espectro cromático. Las pinceladas

---

1. Cita traducida por 50Minutos.es

yuxtapuestas, fruto de las investigaciones de Michel-Eugène Chevreul (1786-1889) y su *Sobre la ley del contraste simultáneo de los colores* (1839) no dejan al artista indiferente. Todos estos avances en términos de cromatismo calan poco a poco en el arte de Van Gogh, y la fuerza del color de sus cuadros se convierte en una de sus principales características. Más en concreto, el amarillo —el color incendiario por excelencia, y cuyo carácter excesivo le conviene especialmente bien al pintor— es una de las firmas de Van Gogh.

CUANDO EL ESPÍRITU SE CONVIERTE EN MATERIA

Pero lo que sin duda es más sintomático en el artista es la torsión de la línea, un reflejo inconsciente del espíritu atormentado de Van Gogh. También las rayas, como un recuerdo del trazo japonés, le confieren a sus obras un ritmo irregular, iniciando un movimiento intrínseco en el seno de sus composiciones. Van Gogh no le impone a sus lienzos una estructura arbitraria: las líneas parecen emanar del propio sujeto, que se convierte poco a poco en el dueño del cuadro. Dicho de otra forma, ya no parte de una estructura externa, dictada por las reglas preestablecidas del arte, como la de la perspectiva o la de la representación objetiva del mundo exterior. Al contrario, la estructura la da el propio tema del cuadro, que refleja inconscientemente el estado de ánimo del pintor. Aunque los códigos académicos ya han sido abolidos por los impresionistas, Van Gogh abre aquí un nuevo horizonte introduciendo la mente del artista en el cuadro. Psiquismo y obra de arte, espíritu y materia, no son más que uno. Ahora el cuadro se convierte en la prolongación íntima del artista, traicionando su personalidad. En lugar de transmitir un mensaje simple, se convierte en el manifiesto del pintor y de su pensamiento.

El grosor de la línea y las pinceladas nerviosas traicionan la rapidez de ejecución de Van Gogh, que lucha con todas sus fuerzas, casi compulsivamente, con la materia. La distorsión de las líneas de Van Gogh parece significar que todo está en movimiento y que nada está establecido o es estable. Probablemente su desequilibrio mental traslada este sentimiento a sus lienzos, revelando el dolor que siente por no estar bien en ninguna parte. Esta nueva manera de expresarse transforma la propia esencia de la obra de arte, trazando un nuevo camino para las generaciones futuras.

OBRAS SELECCIONADAS

LOS COMEDORES DE PATATAS

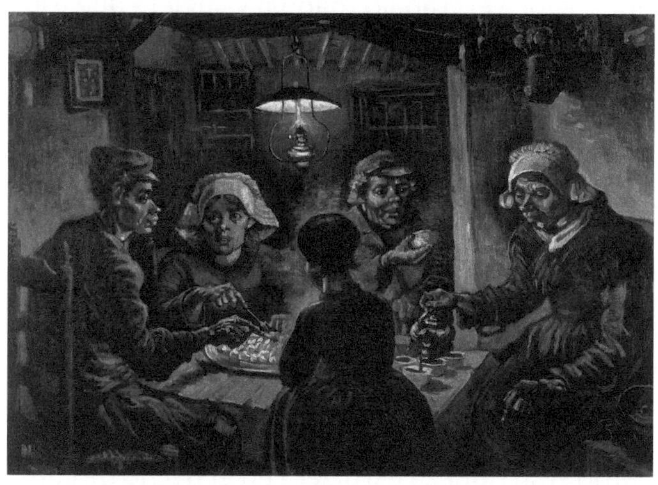

| *Los comedores de patatas*, 1885, óleo sobre lienzo, 82 x 114 cm, Ámsterdam, museo Van Gogh.

El cuadro *Los comedores de patatas* es un himno al campesinado y a la sencillez. Considerada la primera obra maestra de Van Gogh, realizada durante su estancia en Nuenen en 1885, este lienzo revela su admiración por los pintores holandeses.

Los tonos terrosos evocan el modo de vida rural de los campesinos, cuyos dedos nudosos delatan la dureza de la labor. En una carta dirigida a su hermano Theo, el artista insiste en la honestidad y el mérito de estas gentes simples: «el cuadro, pues, evoca el trabajo manual y sugiere que esos campesinos merecen honestamente comer lo que están comiendo» (Van Gogh 2007, 935).

Sus rostros, de hecho, se parecen a lo que comen: sus cabezas son bastas, están mal lavadas y son únicas. La penumbra subraya su vida recluida, sinónimo de humildad. En cuanto al claroscuro, revela la influencia de Rembrandt. Aquí, la luz de la lámpara es artificial, ya que la luminosidad del cuadro emana más bien de la mesa, el verdadero punto de reunión y de anclaje de los personajes, como si su riqueza estuviera en el hecho de compartir. A Van Gogh, hijo de un pastor, le afecta el tema bíblico del pobre entre los pobres.

Aunque el trazo evoca la ejecución rápida propia de Van Gogh, el artista realiza más de treinta estudios antes de realizar esta obra maestra, una de las pocas que reivindicará hasta el final de sus días. Este lienzo, todo un homenaje a los pintores holandeses y, en especial, a Rembrandt, subraya las raíces fundamentales del arte de Van Gogh.

SEMBRADOR A LA PUESTA DEL SOL

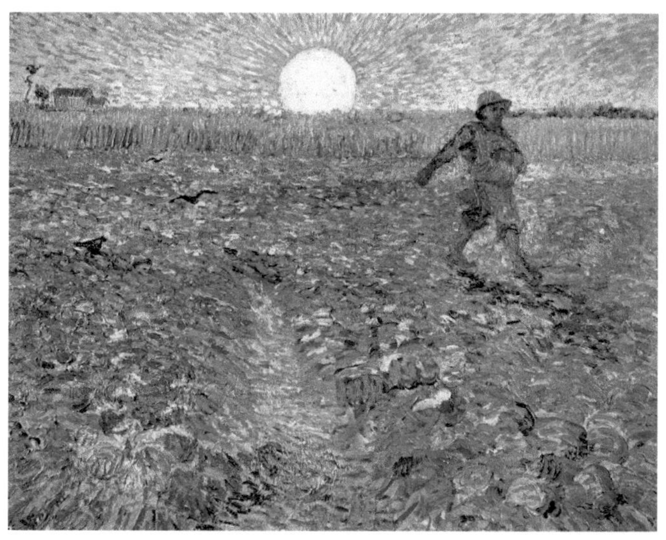

| *Sembrador a la puesta del sol*, 1888, óleo sobre lienzo, 64 x 84,5 cm, Otterlo, Rijksmuseum, Kröller-Müller.

Aunque *Sembrador a la puesta del sol* es un homenaje que se inspira en *El sembrador* (1851) de Jean-François Millet, tanto en el título de la obra como en su temática, así como en la disposición del cuadro y el gesto del personaje, el toque que le da Van Gogh es más moderno. A primera vista, se trata de una obra típicamente impresionista. En realidad, el lienzo se realiza justo después de la segunda estancia del artista en París, donde se interesa por el divisionismo y se codea con los pintores impresionistas. Al ponerse a pintar al aire libre, Van Gogh también retoma su técnica, sobre todo la yuxtaposición de los colores. En cuanto al halo del sol, evoca la técnica puntillista tan estimada por Georges Seurat y apreciada por Van Gogh.

Asimismo, no es casualidad que el artista retome este tema varias veces a lo largo de su carrera. En efecto, el personaje del sembrador evoca la parábola bíblica del sembrador que escuchaba de niño. Además, como pintor que es siembra las semillas de su arte, sin duda con el deseo de que surjan epígonos que sigan sus pasos. Igualmente, el astro solar, bajo en el horizonte y anaranjado, anuncia el fin del día y, metafóri-camente, la muerte que vendrá. El trigo segado que se observa en el primer plano corrobora esta interpretación. La atmósfera que emana este fin del día es apacible, como la relación que tiene en ese momento Van Gogh con la muerte. De hecho, el artista afirma: «Veo [...] la imagen de la muerte, en el sentido de que la humanidad sería el trigo que él siega [...], pero en esa muerte no hay la menor tristeza, porque sucede a plena luz, bajo un sol que lo baña todo en una luz de oro fino» (Besançon 2003, 324).

EL PUNTILLISMO Y EL DIVISIONISMO

El puntillismo aparece en la línea del impresionismo, que inicia la fragmentación de la pincelada de color: Georges Seurat continúa y va más allá de esta revolución artística pintando con pequeños puntos. Por su parte, el divisionismo es una técnica pictórica también postimpresionista que se caracteriza por confrontar dos trazos de color puro, opuestos o complementarios, para que el dibujo nazca de la interacción de los colores. Paul Signac (1863-1935) es el más ilustre representante de esta manera de pintar. La distinción entre estas dos técnicas pictóricas, en cualquier caso muy cercanas, reside en el hecho de que el puntillismo se concentra únicamente en la división del trazo, mientras que el divisionismo, también realizado con ayuda de golpes de pintura, se preocupa más por el contraste de los colores. Ambas corrientes, nacidas tras los pasos del impresionismo, pertenecen al neoimpresionismo.

LOS GIRASOLES

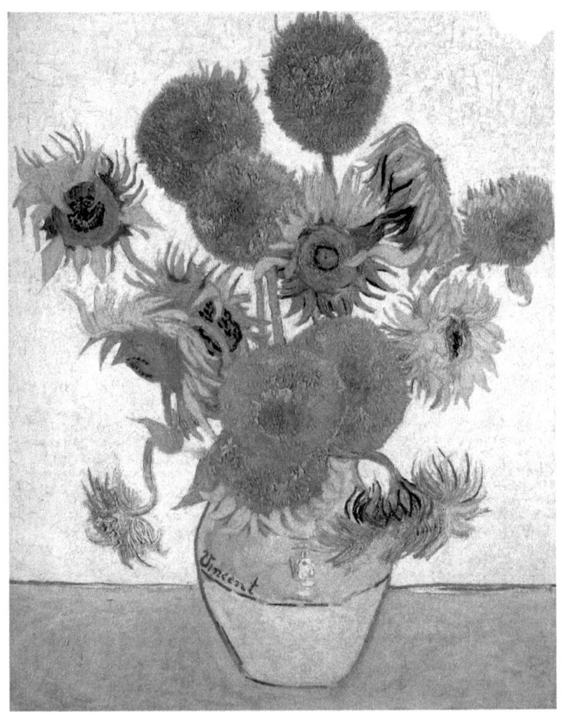

| *Los girasoles*, 1888, óleo sobre lienzo, 92,1 x 73 cm, Londres, National Gallery.

Aunque Van Gogh comienza el ciclo de los girasoles en París, toma plena posesión del tema en Arlés, en el centro de una región bañada por el sol, en una casa llamada además la «Casa Amarilla». El artista quiere decorar la habitación de su amigo Paul Gauguin, cuya llegada se supone que es el preludio de la creación de una comunidad de artistas por deseo de Van Gogh. Elige pintar girasoles, símbolo de la admiración que le profesa desesperadamente a Paul Gauguin.

Estas flores son uno de los temas de predilección del pintor, ya que a lo largo de su carrera realiza al menos siete versiones más o menos similares. Esto no resulta una sorpresa si se tiene en cuenta que los girasoles evocan al astro solar al que Van Gogh se muestra especialmente sensible, incluso si el calor le provoca fiebres de verano que le sumen en un profundo desarraigo.

El pintor nos ofrece aquí una larga variedad cromática de amarillo, que no aplica solo a las flores, sino también al jarrón, al primero y al segundo plano del cuadro. Los trazos puntuales y episódicos de verde, azul y marrón parecen haber sido aplicados tan solo para subrayar mejor el color solar predominante.

Aunque Monet, siete años antes, realiza una obra sobre el mismo tema —girasoles en un jarrón— que Van Gogh probablemente no vio pero que Gauguin conocía, su acabado difiere mucho. La naturaleza muerta de Monet no es más que dulzura y equilibrio, mientras que la de Van Gogh llama la atención desde el primer vistazo: importunados, casi en movimiento, estos girasoles parecen vivos, una impresión que el trazo grueso refuerza. Además, cuando miramos con atención las flores, observamos que algunas son un capullo, mientras que otras están completamente abiertas o empiezan a marchitarse. Los girasoles abiertos, en plena gloria, encarnan el yo ideal y solar del artista, y se oponen a su yo agonizante, tembloroso, descompuesto, representado por las otras flores. Así, Van Gogh plasma en el lienzo su interioridad bajo todas sus formas, convirtiendo este cuadro en un verdadero himno a la vida y a la muerte. Y si el color amarillo es una de las firmas del pintor, especialmente durante su periodo en Arlés, aquí, debido a la amplitud del espectro cromático que despliega, el artista nos libra un verdadero manifiesto de su color de predilección.

NOCHE ESTRELLADA SOBRE EL RÓDANO

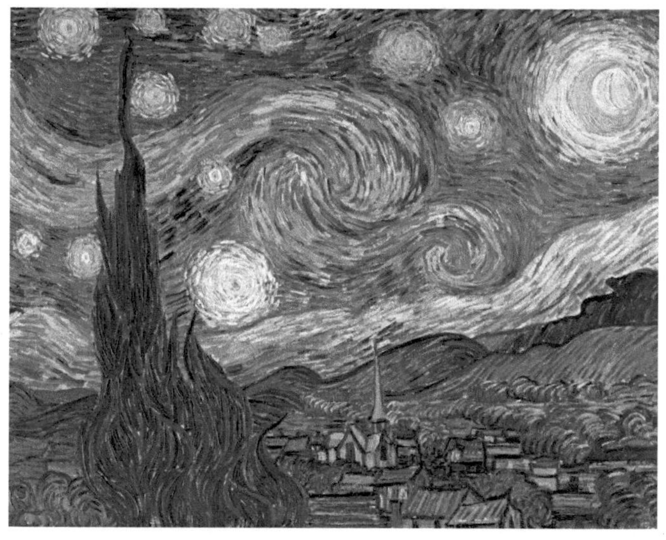

| *Noche estrellada sobre el Ródano*, 1889, óleo sobre lienzo, 73,7 x 92,1 cm, Nueva York, Museo de Arte Moderno.

Tras numerosas crisis de depresión, Vincent van Gogh reconoce su incapacidad de gestionar la soledad y acepta ser internado. El antiguo convento de Saint-Paul de Mausole, reconvertido en hospital psiquiátrico, pone a su disposición una habitación suplementaria para que pueda continuar pintando, el único viático necesario para la salvación del artista, que pinta sin descanso.

Van Gogh, influido por la colorida paleta de los impresionistas y por las investigaciones divisionistas, hace la síntesis de estas diferentes influencias y enfrenta aquí dos colores primarios —el azul de Saint-Rémy y el amarillo de Arlés— cuyo poder hace daño a la vista. El color deslumbrante, irradiante, febril y solar se ahoga en el color apacible de la inmensidad para someter mejor al primero a su ritmo.

La obra, que pinta desde su cuarto, no reproduce sin embargo con exactitud la vista que se despliega ante el artista. Y con razón. Como la fotografía libera al pintor de la reproducción fiel, Van Gogh utiliza el paisaje como pretexto para incorporarse a sí mismo a su obra, plasmando así sobre el lienzo la fiebre creadora con la que pinta con el fin de desvelarnos algo más que unas simples vistas.

El ciprés (inexistente), que se añade a la composición y que se estira demasiado, une el cielo con la tierra. Está deformado, asemejándose a una amenazadora llama negra en el cielo inconstante, como un dedo que se levantara para avisarnos y mostrarnos con insistencia aquello que merece la pena observar. Por encima del pueblo dormido, un magnífico espectáculo baila sobre nuestros ojos. Los astros, arremolinados, parecen vivos, y las zonas sombreadas, heredadas probablemente del contorno de las estampas japonesas, están lejos de bordear armoniosamente el conjunto, y dan, con este movimiento en espiral, un ritmo casi febril al cuadro. El cielo representado, reluciente de poder, oculta por completo las luces de la ciudad y de la modernidad, que parecen insignificantes ante esta naturaleza gloriosa.

La obra, realizada unos ocho meses después de *Noche estrellada sobre el Ródano* (1888) y un año antes de la muerte del artista, subraya sin duda alguna la inestabilidad mental del pintor, que acaba de sufrir una importante crisis durante el verano, pero nos ofrece también una visión celeste de la naturaleza y traduce la ebriedad de Van Gogh ante el vértigo de la inmensidad.

LA HABITACIÓN EN ARLÉS

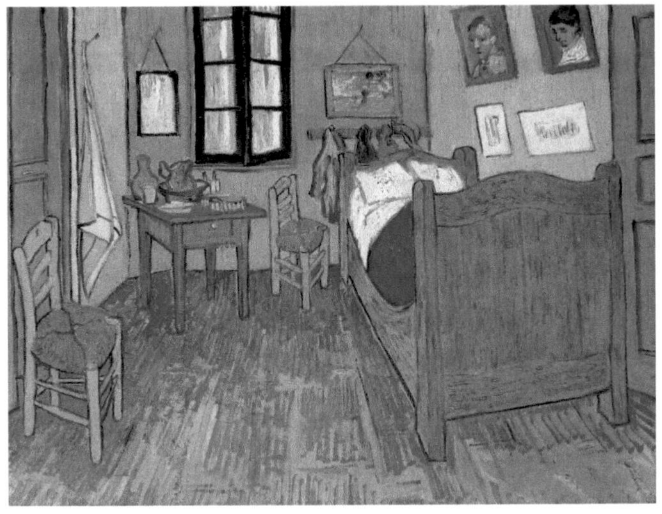

| *La habitación en Arlés*, 1889, óleo sobre lienzo, 57,3 x 73,5 cm, París, Museo de Orsay.

Esta representación del dormitorio de Van Gogh en Arlés es la tercera versión, relativamente similar a las dos precedentes, puesto que la original sufrió una inundación durante una de las hospitalizaciones del artista. Con esta obra, Van Gogh busca representar la extrema simplicidad y sobriedad monacal en la que vive, sin dudar en compararla con la sobriedad de los dormitorios japoneses, que sin embargo son muy distintos.

Aunque los retratos en las paredes representaban en un inicio a dos pintores, entre ellos el belga Eugène Boch (1855-1941), esta nueva interpretación, que ofrece a su hermana, incluye un autorretrato, probablemente para que se sepa quién era el dueño, como solía hacerse en los cuadros flamencos. Realizado originalmente justo antes de la llegada de Paul Gauguin, este lienzo presenta dos sillas vacías que representan la espera, mientras que la ventana, cerrada, remite a la idea de enclaustramiento. Las líneas de fuga, con las que Van Gogh juega, ponen de relieve que el pintor conoce las leyes artísticas que rigen el arte del Renacimiento. La inestabilidad voluntaria de la perspectiva, bancal, se opone a la paridad que reina en esta habitación —todo en este interior funciona por pares—, símbolo de equilibrio. ¿Acaso el artista querría transmitir que durante la reclusión en ese refugio conoce un periodo de descanso? El aspecto ordenado del dormitorio parece corroborar esta idea, mientras que las dos almohadas, que evocan a la pareja, subrayan la voluntad de constancia por parte del pintor.

Exceptuando los cuadros colgados en la pared

—que, por lo demás, podrían ser simplemente decorativos—, nada indica la profesión del huésped de esta habitación. No hay ningún pincel ni ninguna herramienta de trabajo que nos ofrezca una pista. Solo las blusas colgadas detrás de la cama podrían delatarle, pero apenas son visibles. Así, la habitación se presenta como un lugar de descanso para Van Gogh, lejos de la fiebre creadora que le salva y le agota al mismo tiempo. Para esta última versión, el azul predomina, símbolo de la calma y de la tranquilidad. Aquí, el artista expresa su mensaje solamente a través del color: «Hubiera querido expresar el descanso absoluto a través de estos tonos» (Los girasoles de Van Gogh 2007). Uno se pregunta en qué pensaba realmente el autor al realizar esta versión, menos de un año antes de su muerte...

VAN GOGH, UNA FUENTE DE INSPIRACIÓN

EL COLOR DEL FOVISMO

Artista inclasificable y atípico, Van Gogh se siente incomprendido a lo largo de toda su vida, y no crea ningún movimiento propiamente dicho: se le clasifica en el «postimpresionismo», un término que no se corresponde con ninguna corriente precisa pero que define, desde un punto de vista temporal, el periodo artístico en el que se sitúa. Con todo, poco tiempo después de su muerte, Vincent van Gogh se convierte sin saberlo en la referencia imprescindible de dos corrientes artísticas importantes en el arte moderno: el fovismo y el expresionismo.

La primera, representada por Henri Matisse (1869-1954), Georges Rouault (1871-1958), Albert Marquet (1875-1947), Maurice de Vlaminck (1876-1958), Kees van Dongen (1877-1968) o André

Derain (1880-1954), se abalanza sobre el camino abierto por el maestro en lo que se refiere al empleo excesivo del color, que Van Gogh desea que tenga su propio significado. Así, el fovismo se define ante todo por su uso violento e incluso chocante del color, que utiliza en fondos planos, lo que le vale a estos artistas el apodo de «fauve» («fiera» en francés), creado por Louis Vauxcelles.

Como anécdota, decir que tras la exposición de Van Gogh en la galería Bernheim en 1901, Vlaminck habría exclamado: «Me he dado cuenta de que quiero más a Van Gogh que a mi padre». Así, en *El jardinero* (1904), se siente claramente la influencia del artista neerlandés en el empleo del color. De la misma manera, en *Le cultivateur* («El labrador», 1905), la inspiración temática, la fuerza cromática y el empleo de la pincelada irregular que araña tanto el cielo como el campo de trigo recuerdan a *El pintor de camino a Tarascón* (1888) de Van Gogh.

De la misma manera, en su *Autorretrato* realizado en 1906, vemos que Henri Matisse saca su inspiración del retrato de Eugène Boch de Van Gogh (1888). En efecto, aunque la posición del modelo, de tres cuartos, sigue siendo clásica, el empleo del color para esculpir su rostro es una referencia explícita a la obra de Van Gogh.

HACIA UN NUEVO LENGUAJE ARTÍSTICO

Mediante la torsión de la línea, que desvela su mente atormentada, Van Gogh asigna un nuevo rol a la obra de arte: el de representar la personalidad del pintor. A partir de ahora, ya no es el objeto del cuadro lo que está en el centro de las preocupaciones, sino más bien el estilo, revelador del inconsciente del creador. Esta manera de ver el arte no podía más que crear imitadores en el seno del movimiento expresionista, que nace en vísperas del primer conflicto mundial, con eminencias como Edvard Munch (1863-1944), Emil Nolde (1867-1956), Franz Marc (1880-1916), Ernst Ludwig Kirchner (1880-1938), Max Beckmann (1884-1950), Oskar Kokoschka (1886-1980), Egon Schiele (1890-1918) u Otto Dix (1891-1969). En *Nollendorfplatz* (1912), Kirchner retoma el punto de vista en contrapicado, la situación geográfica de un cruce de caminos, la perspectiva torpe y la distorsión del edificio que Van Gogh emplea en *La iglesia de Auvers* (1890). El sentimiento de desequilibrio que se obtiene como resultado ofrece una visión fantástica, incluso fantasmagórica, del paisaje, a medio camino entre sueño, inquietud y realidad.

Así, el arte de Van Gogh, tanto por su calidad como por su temática, influye significativamente en la vanguardia de principios del siglo XX. Su estilo contorsionado ofrece una visión casi animista de la naturaleza, engendrando paisajes animados como, por ejemplo, el del expresionista ruso Chaïm Soutine (1893-1943), *Paisaje de Céret* (c. 1920-1921). Esta obra, por su cromatismo y, sobre todo, por la convulsión exagerada de los árboles, remite abiertamente a los *Olivos* (1889) de Van Gogh.

Aunque el pintor sufre durante toda su vida de una gran soledad, son pocos los pintores a los que este sentimiento les provoca una efervescencia creativa tal. Este artista marginado, un talento ignorado por ser demasiado visionario, siembra a su paso, a la imagen de esos campesinos a los que comprende, las semillas de un nuevo lenguaje que iluminará el arte de los más grandes artistas vanguardistas. La cosecha de Van Gogh transforma por completo la creación artística de todo el siglo XX.

- 61 -

EN RESUMEN

- Van Gogh nace en 1853 en pleno auge de la modernidad y de la fiebre industrial que se apodera del siglo XIX. Representa en un buen número de lienzos una visión edénica del mundo rural, alabando la simplicidad del mundo del campo y la naturaleza. Hijo de un pastor y muy sensible a la miseria del prójimo, el artista describe los hábitos y las preocupaciones del pueblo, fiel al realismo y al naturalismo, profundamente influido por el pintor Jean-François Millet.

- Su arte también se inspira en el «mundo flotante» de las estampas japonesas: así, en sus lienzos encontramos la simplificación del tema a través de la línea, la fluidez del trazo, los fondos de colores planos o el marco, fuera de lugar con respecto al tema.

- Pero el impresionismo tampoco es extraño a su universo pictórico: en concreto, las investigaciones de los impresionistas en términos de cromatismo no dejan indiferente, y encuentran su reflejo en varios de sus lienzos.

- Su independencia artística y su personalidad atípica explican sin duda alguna que, durante su vida, no crea escuela ni esa comunidad artística con la que sueña. Sin embargo, influye de manera importante en el arte moderno, especialmente en el fovismo, gracias a su empleo violento de los colores puros.
- Finalmente, al introducir la psique en el centro de su obra, Van Gogh abre las puertas a un nuevo lenguaje a los expresionistas. Los temas de sus cuadros reflejan su estado de ánimo, como los famosos *Girasoles*, que representan al mismo tiempo su yo ideal, glorioso, encarnado por las flores abiertas, y su yo agonizante, representado por las flores que se marchitan.
- Uno de los rasgos más característicos de la obra de Van Gogh es, sin duda alguna, la torsión del trazo, reflejo de su inconsciente atormentado.

¡Tu opinión nos interesa!
¡Deja un comentario en la página web de tu librería en línea,
y comparte tus favoritos en las redes sociales!

PARA IR MÁS ALLÁ

FUENTES BIBLIOGRÁFICAS

- Artaud, Antonin. 1990. *Le Suicidé de la société.* París: Gallimard.

- Aurier, Gabriel-Albert. 1890. "Les Isolés: Vincent Van Gogh". *Mercure de France.* 10 de enero.

- Barielle, Jean-François. 1984. *Vie et Œuvre de Van Gogh.* París: ACR édition-Vilo.

- Bonnafoux, Pascal. 1997. *Van Gogh, le soleil en face.* París: Gallimard.

- Burty, Philippe. 1878. "Exposition universelle de 1878. Le Japon ancien et moderne". *L'Art*, volumen 4, tomo 15.

- Colectivo. 2014. *Van Gogh/Artaud. El suicidado de la sociedad*, catálogo de exposición. 11 de marzo-6 de julio. París: Museo de Orsay/Skira.

- Colectivo. 2014. "Van Gogh/Artaud au musée d'Orsay". *Beaux-Arts Magazine.*

- Coquiot, Gustave. 1924. *Des Peintres maudits: Cézanne, Daumier, Gauguin, Lautrec, Modigliani, Rouault, Seurat, Sisley, Utrillo, Van Gogh.* París: Delpeuch éditeur.

- Éternels Éclairs, "Biographie de Vincent Van Gogh

(1853-1890)". Consultado el 26 de septiembre de 2017. http://www.eternels-eclairs.fr/biographie-vincent-van-gogh.php

- Duret, Théodore. 1916. *Vincent Van Gogh*. París: Berheim-Jeune éditeur.

- Eitner, Lorenz. 2007. *La Peinture du XIXe siècle en Europe*. París: Bibliothèque des Arts/Hazan.

- Heinich, Nathalie. 1991. *La Gloire de Van Gogh. Essai d'anthropologie de l'admiration*. París: Éditions de Minuit.

- Impressionniste, "Van Gogh". Consultado el 27 de septiembre de 2017. www.impressionniste.net/vangogh.htm

- Naifeh, Steven y Gregory White-Smith. 2013. *Van Gogh*. París: Flammarion.

- Restellini, Marc. 2012. *Van Gogh, rêves de Japon et Hiroshige, l'art du voyage*. París: Pinacothèque.

- Terrasse, Charles. 1947. *Van Gogh*. París: Floury.

- Uhde, Wilhem. 1936. *La Vie et l'Œuvre de Vincent Van Gogh*. Viena/París: Phaidon.

- Van Gogh, "Biographie courte et simplifiée sur le peintre Vincent Van Gogh". Consultado el 17 de julio de 2014. http://www.van-gogh.fr/biographie-simplifie-courte-de-van-gogh.php

- Van Gogh Letters, "Vincent Van Gogh. The Letters". Consultado el 26 de septiembre de 2017. www.vangoghletters.org

Correspondencia entre Vincent y Theo van Gogh.

- van Uitert, Evert, Louis van Tilleborgh y Sjraar van Heugten. 1900. *Van Gogh. Peintures/dessins*. Milán/París: Arnoldo Mondadori Arte, De Luca Edizioni d'Arte/Albin Michel.

FUENTES COMPLEMENTARIAS

- Besançon, Alain. 2003. *La imagen prohibida*. Traducido por Encarna Castejón. Madrid: Ediciones Siruela, colección *Biblioteca de ensayo Siruela*.

- van Gogh, Vincent. 2007. *Las cartas (2)*. Traducido por Marta Sánchez-Eguíbar Durán. Madrid: Ediciones Akal.

PELÍCULAS

- *Van Gogh*. Cortometraje dirigido por Alain Resnais. Francia: 1948.

- *Van Gogh*. Dirigida por Maurice Pialat, con Jacques Dutronc. Francia: 1991.

- *El loco del pelo rojo*. Dirigida por Vincente Minelli y Georges Cukor, con Kirk Douglas y Anthony Quinn. Estados Unidos: MGM/UA, 1956.

FUENTES ICONOGRÁFICAS

- van Gogh, Vincent. *Autorretrato con oreja vendada.* 1889, óleo sobre lienzo, 51 x 45 cm, Chicago, colección privada. La imagen reproducida está libre de derechos.

- van Gogh, Vincent. *Los comedores de patatas*, 1885, óleo sobre lienzo, 82 x 114 cm, Ámsterdam, museo Van Gogh. La imagen reproducida está libre de derechos.

- van Gogh, Vincent. *Sembrador a la puesta del sol*, 1888, óleo sobre lienzo, 64 x 84,5 cm, Otterlo, Rijksmuseum, Kröller-Müller. La imagen reproducida está libre de derechos.

- van Gogh, Vincent. *Los girasoles*, 1888, óleo sobre lienzo, 92,1 x 73 cm, Londres, National Gallery. La imagen reproducida está libre de derechos.

- van Gogh, Vincent. *Noche estrellada sobre el Ródano*, 1889, óleo sobre lienzo, 73,7 x 92,1 cm, Nueva York, Museo de Arte Moderno. La imagen reproducida está libre de derechos.

- van Gogh, Vincent. *La habitación en Arlés*, 1889, óleo sobre lienzo, 57,3 x 73,5 cm, París, Museo de Orsay. La imagen reproducida está libre de derechos.

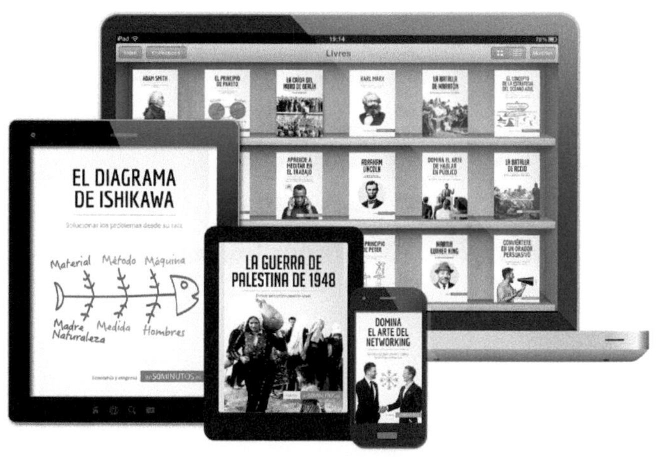

www.50Minutos.es

ISBN ebook: 9782806297853

ISBN papel: 9782806297860

Depósito legal: D/2017/12603/295

Cubierta: *Almendro en flor*, de Vincent van Gogh y *Autorretrato* (1887), de Vincent van Gogh

Libro realizado por Primento*, el socio digital de los editores*

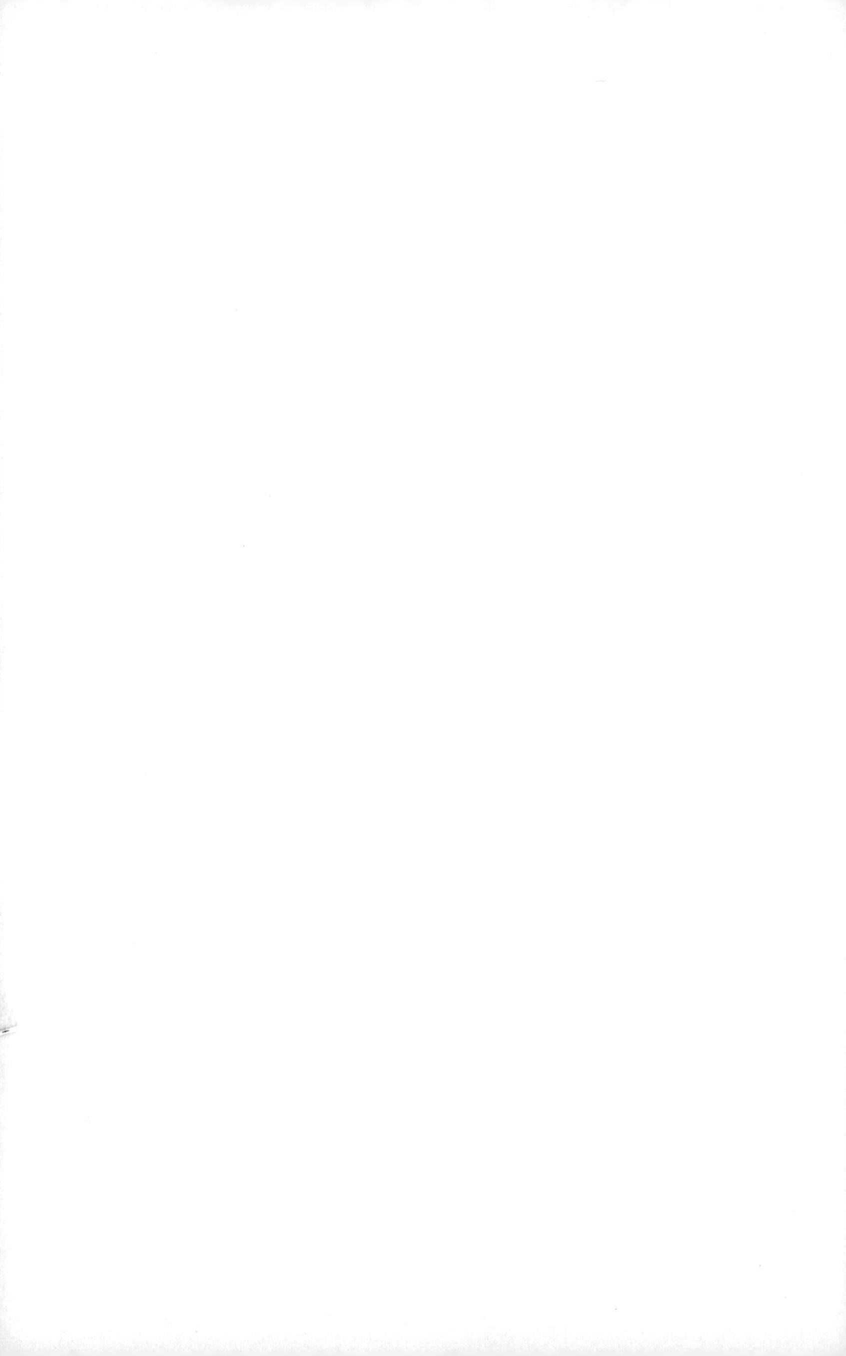